妈妈，
我真的想
跟你聊聊

一场跨越岁月的聊天，藏着最温柔的答案。

杜峣 Ⓒ 编著

台海出版社

图书在版编目（CIP）数据

妈妈，我真的想跟你聊聊 / 杜峣编著 . -- 北京：
台海出版社，2025.5. -- ISBN 978-7-5168-4223-2

Ⅰ．G782

中国国家版本馆 CIP 数据核字第 2025NU7793 号

妈妈，我真的想跟你聊聊

编　　著：杜峣

责任编辑：姚红梅　　　　　　　　　封面设计：刘朋哲

策划编辑：王　丽

出版发行：台海出版社

地　　址：北京市东城区景山东街 20 号　　邮政编码：100009

电　　话：010-64041652（发行，邮购）

传　　真：010-84045799（总编室）

网　　址：www.taimeng.org.cn/thcbs/default.htm

E-mail：thcbs@126.com

经　　销：全国各地新华书店

印　　刷：天津泰宇印务有限公司

本书如有破损、缺页、装订错误，请与本社联系调换

开　　本：710 毫米 ×1000 毫米　　　1/16

字　　数：83 千字　　　　　　　　　印　　张：7

版　　次：2025 年 5 月第 1 版　　　　印　　次：2025 年 5 月第 1 次印刷

书　　号：ISBN 978-7-5168-4223-2

定　　价：48.00 元

前　言

　　你是否也曾被孩子的一句"你不懂"堵得哑口无言？是否因为孩子的沉默你怀疑自己哪里做得不够好？你是否也想走进孩子的内心，却不知从何做起？本书将为你和孩子架起一座沟通的桥梁，让爱在对话中流淌。

　　全书共分为四个章节，每个章节围绕一个核心主题展开，通过生动有趣的小故事和温馨可爱的插图，引导父母和孩子共同学习沟通技巧，解决成长烦恼，建立亲密无间的亲子关系。

人物介绍

妈妈

自由职业者，虽然有自己的事业，但为了孩子的成长教育，把更多的精力放在了孩子的身上，口头禅是："我这是为你好！"

爸爸

普通职员，早出晚归，还经常因公出差，对孩子说得最多的一句话就是"你们要听妈妈的话"。

林聪聪

林苗苗的弟弟，9岁，比较顽皮，总有许多"鬼点子"，挨骂是家常便饭。

林苗苗

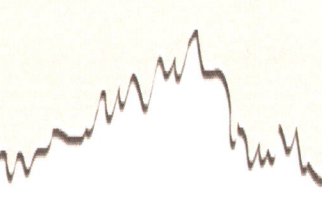

13岁的女孩，性格柔顺，刚上初中一年级，到新的环境，还有许多的不适应。

目 录
contents

第 一 章 让沟通更有温度的说话之道

第 二 章 青春期的烦恼，我们一起面对

第 三 章　校园生活，不只是学习

第 四 章　心灵的港湾，永远等你停泊

第 一 章
让沟通更有温度的
说话之道

好好说话是一门艺术，也是一种力量。亲子相处时，言语的力量不容小觑，一句简单的话，可能成为滋养亲情的雨露，也可能成为伤害彼此的利刃。

面对孩子的所作所为，如果父母只是一味地指责与批评，只会在亲子之间筑起高墙，阻碍情感的交流。而温和、理解的语言，就像春风化雨，能够滋润孩子的心灵，让孩子更愿意倾听、反思并改正错误。

学会好好说话，用爱和耐心去引导孩子，才能让亲子关系更加融洽，使家庭氛围更加温暖。

不要急于说"不行"

　　小学毕业的假期终于来了，林苗苗一想到整个假期自己都可以不去学校，在家里想干吗就干吗，心里就乐开了花。可是转眼一想，不去学校，也就意味着和好同桌肖丽丽不能天天见面，不能见面，就不能听肖丽丽讲那些有趣的漫画故事了，不由得心中有些失落。不过，她很快就想到了一个办法，虽然她也觉得妈妈可能不会答应，但万一答应了呢？总得试试吧！

"不买就不买，说那么多干吗！"林苗苗也生气了，她气呼呼地回到自己的房门，"啪"地关上了门。

妈妈听到动静，手拿炒菜铲从厨房走了出来，冲着林苗苗的房间喊道："你这是什么态度？难道你要什么我就得给你买什么？你要天上的星星我还得去给你摘不成？"

"我要天上的星星了吗？"林苗苗带着哭腔的声音从房间里传了出来。

尽管妈妈做的晚饭很丰盛，但是林苗苗心里憋着一股气，她只是胡乱地吃了几口就说饱了，转头回房间去了。

林聪聪一看这情景，也匆匆几下把碗里的饭扒拉完，对妈妈说："我做作业去了！"然后溜回了房间。他知道，这个时候，自己任何一点的举动，都可能引火烧身，还是躲起来为妙。

妈妈看着自己辛辛苦苦做的饭，可是孩子们根本不领情，不由得感到一阵心酸，爸爸也发出一声无奈的叹息。

【专家说】

其实，这种场景在许多的家庭经常上演，父母全心全意地为孩子付出，而孩子也深爱自己的父母，可是却常常因为一点小事而闹得不欢而散，让本来其乐融融的家庭氛围变得死气沉沉。归根结底，是因为大家说话的时候不顾及对方的感受。

如果我们让时间重新回到林苗苗告诉妈妈自己想要个手机的时候，妈妈完全可以换一种说话方式，也许结果会不一样。不信，我们一起来看一看。

【 情景重现 】

"嗯！"林苗苗想了想，点了点头，接着说，"肯定有用处啊，有了手机，我和肖丽丽联系就方便了。"

"哦，你想要手机就是为了和肖丽丽联系吗？"妈妈问。

"是！"林苗苗点了点头。

"可是学校并不主张你们上学带手机，对不对？"妈妈说。

"我只是假期在家的时候用用手机，而且保证也只是和肖丽丽打打视频电话，听她讲漫画故事……"林苗苗连忙说。

"这样啊……"妈妈若有所思，"我倒有个主意，你要不要听一听……"

"什么主意？"林苗苗来了兴致。

"你和肖丽丽联系，就是想听她讲那些漫画故事，其实，我们完全可以用买手机的钱买你喜欢看的漫画书，这样等你们开学后，还可以互相分享……当然，你如果想和肖丽丽打视频电话，也可以随时用妈妈的手机。你觉得怎么样？"

"对啊，我怎么没有想到呢？"林苗苗高兴地说，"以前都是我听她讲，等我看了后，我就可以给她讲了……妈妈，你这个主意太好了！谢谢妈妈！爱你哦！"

【专家还说】

看，生硬的"不行"两个字，就像是一堵墙，瞬间就把两颗心隔开了，而好好说话会拉近心与心的距离。当我们用探讨和商量的语气代替命令的语言时，问题往往会迎刃而解，它不仅能化解矛盾，还能增进亲子之间的理解和信任。

用表扬代替批评

妈妈最近忧心忡忡，因为林聪聪的眼睛有些近视了，好在去医院检查后，医生说目前只是"假性近视"，如果保持良好的坐姿和用眼习惯，还是可以矫正过来的。可是，林聪聪却不以为然。这不，一回到家，就照例往床上一躺，捧起那本《魔法世界》津津有味地看了起来。

爸爸也没想到自己的话有一天会失去作用，一时竟不知道该怎么办，总不能真收拾一顿吧。

【 专家说 】

当孩子表现出不良行为时，许多父母的第一反应是进行批评指正，而且以为言辞越是严厉，效果越好。但事实是，有时候不但起不到作用，而且还会引起孩子的反感和敌对情绪。其实，这个时候，父母可以尝试用表扬的方式引导孩子改正。

下面，就让我们再次启动时光机，让时间回到妈妈和林聪聪刚从医院回到家里的时候，让妈妈换一种说法的方式，看看会不会有不一样的结果。让我们拭目以待哦！

【 情景重现 】

林聪聪躺在床上看书，妈妈凑到跟前："让我看看这本书有什么魔法，让我们家聪聪养成了爱看书的好习惯！"

听到妈妈的话，林聪聪一骨碌从床上爬了起来，兴致勃勃地将书展示给妈妈看："妈妈，这本书可有趣了，上面都是各种魔法……"

"哦，是吗……"妈妈也是饶有兴致地接过书，"那这上面有没有一种魔法，可以矫正聪聪的近视眼呢？"

林聪聪想了想，失望地摇了摇头。

"没事，虽然没有魔法，但我们有办法啊！"妈妈轻轻地合上了书，"医生说了，只要你以后看书、做作业的时候，保持良好的坐姿，注意用眼卫生，就一定能恢复以前的'火眼金睛'！"

"对啊！"林聪聪一拍脑袋，"我以后再也不能躺在床上看书了！"

"我们家聪聪从小说话就算数，这次也一定能说到做到，是吧！"爸爸不失时机地说。

"那当然了！"聪聪用最快的速度跳下床，坐到桌边去了。看着他端坐的背影，爸爸妈妈相视一笑。

【专家还说】

批评如同修剪枝叶的剪刀，可能暂时纠正方向，却容易在孩子心中留下疤痕；而真诚的表扬则是滋养生命的阳光，让自信的幼苗在爱的土壤里自然生长。真正的教育不在纠错，而在唤醒——父母的每一句肯定，都是点亮孩子内心的火种。

用商量的语气提要求

清晨的亮光透过窗帘的缝隙照进了屋子，一阵急促的闹铃声将林苗苗惊醒。林苗苗刚想起床，突然想起现在可是假期啊！于是，她伸长胳膊关了桌头的闹铃。

"假期生活就是美好啊！"很快，林苗苗带着美好假期生活的幸福感又进入了梦乡。

妈妈站在门口，双手叉腰，一脸严肃，声音尖锐："林苗苗，马上起床，别磨蹭！"

被惊醒的林苗苗皱了皱眉头，翻了个身，用被子蒙住头，不耐烦地回应："哎呀，再睡会儿！"

妈妈见林苗苗没有动静，快步走到床边，一把拉开被子："你看现在都几点了，还睡！"

林苗苗一下子坐起来，眼睛里满是怒火："烦死了，暑假都不让人好好睡觉！"说完，一把扯过被子，又重新躺下。

妈妈气得直跺脚："你这孩子怎么越来越不听话了！我这是为你好，你今天要是不按时起床，就别吃饭了！"

【 专家说 】

　　生活原本该是美好的，而早晨更是美好生活的开始，可是，却因为妈妈和林苗苗之间的不愉快，给家里笼罩上了让人想逃离的氛围。其实，父母和孩子之间的说话也需要讲究方式方法，当父母想让孩子做某一件事的时候，不要用高高在上的命令口气，而是可以换一种方法，比如用商量的语气。

　　现在，就让我们启动时光机，让时间回到清晨的第一缕阳光照在林苗苗床上的那一刻。林苗苗还在梦乡，而妈妈满怀着爱意，准备去叫林苗苗起床，然后再去为他们做一顿营养丰富的早餐。

【 　情景重现 　】

　　妈妈微笑着坐在林苗苗的床边，用温和的语气说道："苗苗，睡醒了没，醒了的话，我想和你商量一件事？"

　　林苗苗睁大了眼睛："和我商量事？"

　　本来想留恋梦境的林苗苗一听妈妈要和她商量事，一下子就清醒了过来，一骨碌爬起来，"妈妈，什么事？"

　　妈妈笑着说："我想着这个假期你的学习任务也不繁重，就想问问你，想不想参加个什么兴趣班？"

　　"参加兴趣班？"林苗苗来了兴致，"我当然想啊！"

"那你想学什么呢？"妈妈起身，随手拉开窗帘，阳光一下子就涌了进来。

林苗苗想了想，高兴地说："我想学画画，我一直都很喜欢呢！"

"好，那就学画画！"妈妈点点头，眼中满是鼓励，"学画画既能培养你的创造力，又能让你静下心来。那我们这几天就去看看有没有合适的绘画兴趣班，不过……"妈妈顿了顿，接着说："如果上了兴趣班，你早上就得早起，不能睡懒觉了……"

"真是个美好的早晨啊……我才发现睡懒觉简直是浪费时间，我以后再也不睡懒觉了！"林苗苗冲妈妈做了一个顽皮的鬼脸，然后用最快的速度起了床。

【专家还说】

在父母和孩子的沟通方式中，那些强硬的命令，会让孩子觉得父母根本不尊重他们的想法和感受，总是用父母的权威去压制他们，显然是错误的，并不能让孩子更听话，反而会让他们越来越反感和抗拒。可如果把命令的口气换成商量的口气，比如把"你要……""你必须……""你应该……"改为"你觉得……""你认为……""我们商量一下，好吗……"，孩子会觉得受到尊重和重视，会更愿意配合。

语言的暗示力量

舅舅给林聪聪送了一套拼图玩具，拼图很精美，拼好后是一幅世界地图，聪聪很喜欢。

"这么复杂的拼图，他一个小孩子怎么可能拼成功？"妈妈对舅舅说。

"我可以的！"林聪聪可不想让别人小瞧了他，不由分说，"呼啦"一下，就把盒子里原本拼好的拼图往桌上一倒，顿时，一盒子大大小小、形状各异的拼图全部散落在了桌子上。然后他认真地重新拼起来。

可是这个拼图确实有点复杂，林聪聪进展得很缓慢。

本来林聪聪还在动脑筋想办法，听到妈妈的话，不由得心里一阵沮丧，一下子就没有了之前的兴致，他又胡乱地拼了一会儿，还是不得要领，索性就扔下玩别的去了。

"林聪聪，舅舅给你送的这么好的玩具，怎么刚玩了一会儿，就扔下不玩了？"妈妈不满地说，"你这孩子，干什么都干不好！赶紧过来收拾起来放好！别以后再拼的时候找不全了！"

"找不全就找不全吧！"林聪聪说，"我不会再拼了！"

舅舅尴尬地笑了笑，"看来聪聪不喜欢舅舅送的礼物啊。"

妈妈连忙打圆场道："这孩子就是毛病多……别管他。"说着，又转头厉声对林聪聪说："舅舅送的这么好的拼图，一点都不知道珍惜！赶紧过来，好好拼……"

"反正你都说了我拼不成功，我还有必要再拼它吗？"林聪聪振振有词地说道。

妈妈一下子怔住了。

【 专家说 】

　　语言也有积极的语言和负面的语言，积极的语言能够传递温暖、关爱和支持，帮助孩子建立积极的自我认知和自尊心。但在生活中，总有些父母像林聪聪的妈妈一样，在和孩子说话的时候，喜欢使用贬低孩子能力的负面的语言，要知道，这些话会让孩子有挫败感，甚至产生焦虑。正是因为妈妈的一句"他一个小孩子怎么可能拼成功"，打击了林聪聪的自信心，才导致林聪聪失去了对拼图的兴趣。

　　如果时光机让时间重新回到林聪聪刚拿到拼图的时候，妈妈用充满鼓励的语气，告诉林聪聪一定可以拼好拼图，结果会是什么样的呢？

【　情景重现　】

　　林聪聪拿着一盒拼图，盒子上是一个世界地图。妈妈指着盒子说："这个拼图看起来有些复杂哦！不过，如果咱们聪聪有耐心的话，总会拼成功的！"

　　"我当然有耐心了！"聪聪说着，就"哗啦"一下把拼图全倒在了桌上，认真地拼了起来。

　　当然，这个拼图还是有些复杂，有几个地方，他怎么也拼不对，拼着拼着，聪聪就有点失去兴致了，妈妈看出了他的烦躁，走到了他的身边，故意说："哇，聪聪，你可真厉害，那一块地形这么复杂，你都拼成功了，剩下的肯定也难不倒你！是吧？"

　　"那当然了！"得到了妈妈的鼓励，林聪聪立马又来了兴致。

　　"我觉得你可以尽量先把比较大的拼图拼起来，然后再找小块的……"妈妈在一旁提示，"你还可以观察这些拼图的颜色，找出其中的规律……"

　　经过一次又一次的调整，林聪聪终于拼好了一个完整的世界地图，他心里别提多高兴了。

　　"舅舅，谢谢你，我可太喜欢这个拼图了，等我长大了以后，要带你们去世界各国旅游！"

　　"哈哈哈，好！那你现在可要好好学习，以后才有能力带我们去哦！"

　　"嗯，我一定会好好学习的！"林聪聪信心满满地说。

【专家还说】

　　语言是有暗示力量的，父母在与孩子说话的时候，如果习惯性地使用负面语言，如"你真笨"或"你做不到"，会严重打击孩子的自信心。相反，如果经常性地使用类似"我相信你能行""你是最棒的"这样积极的语言，不但能够增强孩子的自信心和自尊心，还能促进其心理健康和成长。

指责性语言很伤人

阳光透过窗户，轻柔地洒在客厅的地板上。林聪聪早早就把作业做完了，他一边在客厅里玩，一边不停地看表。因为爸爸说等一会儿他回来，带他们一起去游乐场。

一想到去游乐场可以玩过山车，林聪聪就掩饰不住兴奋，他手里拿着玩具汽车，一会儿让汽车在沙发上"飞驰"，一会儿又把它开到茶几上"冒险"。

突然，只听"哗啦"一声，茶几上的花瓶被聪聪不小心碰倒在地，摔得粉碎。

妈妈被这突如其来的声响吓了一跳，连忙从另一个房间走了出来。

林聪聪垂着头站在破碎的花瓶前，妈妈大声地指责他："你能不能小心点！你知道这花瓶多少钱吗？"

聪聪知道自己闯了祸，本来心里就忐忑不安，一听到妈妈的责备，心里顿时像堵了一块大石头，难过极了。他觉得自己又不是故意的，不过是不小心碰倒了花瓶，妈妈却这样大声责备他。

　　林聪聪说完，他气呼呼地跑回自己的房间，"砰"的一声关上了门。爸爸和妈妈愣在了原地，面面相觑。

【 专家说 】

原本美好的一个计划，就此泡汤了。其实妈妈可以试想一下，花瓶已经打破了，无论再怎么责备孩子，花瓶都不能再复原。许多时候，指责的话不但于事无补，还会影响孩子的心情，让孩子觉得父母只会怪自己。有了什么想法，也不想和父母沟通，长此以往，会让孩子和父母越来越疏离。无论是父母或者孩子，都不想有这样的结果吧！

那就让我们再次开启时光机，给林聪聪的妈妈一次机会，如果这次她能够改变说话的方式和语气，面对打碎了花瓶的孩子，不再只是一味地指责，结果也许会有所不同。

【 情景重现 】

林聪聪忐忑不安地站在破碎的花瓶前，妈妈微笑着拉着他的手："没事，别担心，我知道你不是故意要打碎花瓶的！"

林聪聪原本已经做好了挨骂的准备，突然听到妈妈这样说，他惊讶地抬起头，看着妈妈，眼中满是意外。

看到妈妈确实没有要骂他的意思，聪聪低下了头，小声对妈妈说："妈妈，我错了，我以后玩的时候会小心的。"

妈妈欣慰地笑了，"妈妈知道你不是故意犯错的，以后我们都多注意一些就好啦……去一边玩去吧，我收拾一下。"

"花瓶是我打碎的，我自己来收拾……"聪聪连忙说。

"那你可要小心点，别扎着手哦！"妈妈说。

就在聪聪小心翼翼地收拾碎花瓶的时候，爸爸回来了，"今天聪聪怎么这么勤快，知道打扫卫生了？"

"那你是不是应该好好奖励一下聪聪，一会儿去了游乐场，让他多玩几个项目？"妈妈冲着聪聪挤了下眼。

"妈妈，我就知道你是最好的妈妈！"聪聪激动地跑过来，抱着妈妈跳了起来。

【专家还说】

事实证明，妈妈责备的话，让聪聪很不开心，大家也都闹得不愉快；而当妈妈用了温暖、理解的语言后，不仅没有让聪聪反感，还让他主动认识到了自己的错误。所以呀，在生活中，父母在和孩子说话的时候，尽量使用一些温和、友善、充满理解的语言，这种语言就像会魔法一样，能让很多事情变得更美好，能让我们和身边的人的心靠得更近。

与其说教，不如引导

很快，假期结束了，新的学期开始了，林苗苗成了一名初中生。

这天，因为她写的一篇作文被老师表扬了，她特别高兴，兴冲冲地回到家，连鞋也没来得及换，就跑到妈妈跟前，想和妈妈分享自己的喜悦。

妈妈一听更生气了，"多大点事？你知不知道，我一天打扫卫生多辛苦……再说了，我这么说你都是为你好！你不养成良好的卫生习惯，以后谁受得了你！"

"一天天的就知道说我，烦死了！"林苗苗气呼呼地换了鞋，也不想和妈妈再说话了，径直往自己的房间走去。

"哎，你刚才不是说有好消息吗，怎么又不说了？"妈妈在身后问。

"没有好消息！"林苗苗头也没有回，"砰"地关上了门。

【专家说】

是什么让林苗苗突然失去了想和妈妈分享喜悦的兴致呢？除了妈妈对她的喜悦之情没有及时回应外，更多的应该是妈妈对她的一番说教之词。许多时候，父母总喜欢借着孩子的一点错误，进行一番说教，好像这样孩子就可以"痛改前非"。而事实恰恰相反，过多的说教之词，会让孩子觉得大人小题大做，从而生出厌烦。

试想一下，如果妈妈在发现林苗苗没有换鞋之后，只是态度温和地提醒她去把鞋换了，不再过多地说什么，相信林苗苗也还是愿意和妈妈说说开心的事。不信的话，那就让我们开启时光机，让时间回到林苗苗满怀喜悦进门的那一刻。

【 情景重现 】

林苗苗（没有换鞋）开心地对妈妈说："妈妈，告诉你一个好消息！"

妈妈也是一脸的开心："哦，是吗，赶紧和妈妈分享一下，让妈妈也高兴高兴！不过，你是不是先把鞋换一下呢？"

"哦哦哦……我太激动了，竟然把这么大的事给忘了！"林苗苗调皮地冲着妈妈做了一个鬼脸，"我这就去换！"

林苗苗一边换鞋，一边眉飞色舞地把自己如何写作文，老师又如何表扬她的话，全部告诉了妈妈。

"你平时就喜欢看书，还喜欢摘抄好词好句，看来平时的积累还是很有作用的！"妈妈说，"等这个周末，妈妈带你再去买几本书，作为奖励！怎么样？"

"真的吗？妈妈，你可真是太了解我了！"林苗苗扑过来，抱住了妈妈。

"哦，对了，妈妈！"林苗苗突然说，"我今天没有换鞋就跑进来了，弄脏了地板，破坏了你的劳动成果，就罚我今天拖地吧！我们这叫有奖有罚！可好？"

"哈哈哈，我当然求之不得啊！"妈妈高兴地说。

【专家还说】

看吧，语言的力量不容小觑，它可以是阻碍情感交流的高墙，也可以是搭建心灵桥梁的基石。换一种态度，换一种说法，或许就能收获意想不到的美好结果。和孩子沟通，语气和态度至关重要，生硬的指责和说教，只会让孩子产生抵触的情绪，温柔地引导才能打开孩子的心门。

表达关切最重要

这天傍晚，林苗苗在家做作业，妈妈带林聪聪去附近的公园玩。公园里绿草如茵，鲜花盛开，不少小朋友在空地上开心地玩耍。林聪聪带着他心爱的滑板，迫不及待地想要展示一下自己新学的滑板技巧。

妈妈有些担心，提醒道："聪聪，在户外滑滑板要小心点，这里人多，别撞到别人。"林聪聪满口答应，可一踏上滑板，就把妈妈的话抛到了九霄云外。他在人群中穿梭，越滑越快。

突然，林聪聪没控制好方向，"砰"的一下撞到了公园的长椅上。

聪聪整个人摔倒在地，膝盖擦破了皮，手掌也磨红了。

　　周围的人纷纷投来异样的目光，林聪聪觉得又羞又恼，他强忍着疼站起来。

　　看到周围的人纷纷议论，妈妈也觉得尴尬，没有了逛公园的兴致。

【 专家说 】

很多时候，父母出于对孩子的关心和期望，却因为表达方式不当，让孩子产生抵触情绪，导致沟通陷入僵局。就像妈妈看到林聪聪摔倒了，她当然很心疼，但却没有第一时间表现出来该有的关切，反而说了一句"我就知道会这样"，其实这句话的意思就是"看，这就是你不听话的下场！"对于林聪聪来说，这无疑就是一句"风凉话"，自然一下子就有反抗情绪了。

其实，面对这种情况，妈妈如果选择另外的说话方式，那么结果肯定也会有所不同。不信的话，让我们再次启动时光机，让时间回到林聪聪刚刚摔倒的时候吧！

【 情景重现 】

林聪聪狼狈地摔倒在地上。

妈妈蹲在他的身边，一边查看着他受伤的情况，一边说："呀，这块皮都蹭破了，一定很疼吧！"

听到妈妈关切的话，林聪聪的心里一下子暖暖的，他摇了摇头："妈妈，没事，别担心，一点儿都不疼！"

妈妈扶林聪聪坐到长椅上，一边给他仔细地检查伤口，一边说道："幸好伤口不严重，吓死妈妈了……聪聪，你知道吗，其实这事完全是可以避免的……"

"嗯，我知道，是我滑得太快了，然后就控制不住方向了……"林聪聪抢着说。

"看来咱们聪聪知道以后该怎么做了？"妈妈意味深长地看着聪聪。

聪聪不好意思地低下了头："妈妈，我知道错了，我以后再也不滑这么快了……妈妈，今天公园里人多，我不滑滑板了，我们俩就散散步吧！

"哈哈哈，我当然求之不得啊！"妈妈高兴地说。

随后，妈妈牵起林聪聪的手，两人有说有笑，一切都是那么美好。

【专家还说】

父母日常话语中的"我就知道会这样"，看似平常，实则蕴含巨大能量。若以不当的方式频繁说出，就如冰冷的寒风，吹灭孩子自信的烛光，关闭沟通的大门，引发逆反的狂潮，侵蚀信任的基石，严重破坏亲子关系；而若以恰当的语气与后续引导说出，或许能化作温暖的春风，给予孩子依靠与鼓励。

喋喋不休与点到为止

初中生的生活，虽然有趣，但功课明显比小学的时候紧张多了，开学几个星期后，林苗苗就开始盼望着周末，好让她能放松放松。

周末到了，"终于有时间可以看看那些喜欢的漫画书啦！"林苗苗早上一起来，就找来漫画书，津津有味地看起来。

妈妈以为林苗苗在做作业，轻轻地推开门，给她端来一杯豆浆。没想到林苗苗却是在看漫画书，再看看屋子里到处乱丢的衣物、堆满杂物的桌面，妈妈的眉头瞬间拧成了麻花。

34

妈妈被林苗苗的激烈反应惊呆了，脸上的表情瞬间凝固，眼中闪过一丝受伤的表情，她想不明白，自己辛辛苦苦把孩子养这么大，操碎了心，可是孩子竟这么跟自己说话……

【 专家说 】

无休止的唠叨与指责，看似是关心的话语，实则如尖锐的芒刺，每一句都可能刺痛孩子敏感的内心，加剧亲子间的矛盾，破坏原本亲密的关系。而孩子激烈的反抗，也会让父母感到伤心和困惑，使亲子关系陷入恶性循环。

其实，如果妈妈用温和的态度，只是点到为止，事情也不会发展到这种地步。不信的话，让我们再次启动时光机，让时间回到妈妈刚走进林苗苗房间的时候吧！

【 情景重现 】

林苗苗坐在桌前看漫画书。妈妈推开门，站在门口，看到凌乱的房间："哇，林苗苗，你的房间好像有点乱哦，这是不是和你的文艺范有点不搭啊！"

林苗苗听到妈妈这样说，环顾了一下屋子，果然有些凌乱。

"确实太乱了，不过我还有一点儿就看完了，等我看完了就收拾！"林苗苗把目光重新投回书上。

　　"好，那我一会儿再来看看，我们的文艺爱好者会把自己的房间收拾得有多文艺……"妈妈说完，退了出去，还轻轻地关上了门。

　　妈妈走后，林苗苗又看了看自己的屋子，想到妈妈刚才说的话，这凌乱的环境确实不怎么文艺，于是她干脆放下手里的书，先收拾起屋子来。

　　等妈妈再次进来的时候，屋子已经被林苗苗收拾得干净整洁，妈妈脸上露出了欣慰的笑容。

【专家还说】

　　父母恰当的表达，传递的不仅是关心与期望，更是尊重与信任，能引导孩子走向积极成长的道路；换一种表达方式，更容易让孩子理解并作出积极的回应，也会让父母看到教育的美好成果，收获温暖与欣慰。

第 二 章

青春期的烦恼，
我们一起面对

　　青春期，孩子对性开始有了觉醒和认识，性教育并非难以启齿的话题，而是孩子成长路上的重要指引。只有父母自身掌握了正确的知识，在日常生活中，才能抓住合适的时机，用简单易懂的语言和孩子交流性教育相关内容，用恰当的方式引导孩子。

　　当孩子们拥有了正确的性观念，面对生活中的各种诱惑和危险时，才能保持清醒的头脑，保护好自己。这不仅关乎他们当下的身心健康，更关系到未来能否成长为有责任感、懂得尊重他人的人。

身体的觉醒

最近，林苗苗总觉得身体有些怪怪的。洗澡的时候，她发现自己的胸部好像微微隆起，不再像以前那样平坦。穿上衣服，胸前也有了明显的起伏，这让她心里一阵慌乱。

不仅如此，她还发现自己的腋下开始长出了细细的毛发，皮肤也变得比以前油腻了些，脸上还冒出了几颗小痘痘。这些变化就像一个个不速之客，毫无预兆地闯入她的生活，让她感到既困惑又不知所措。

林苗苗站在镜子前看着脸上的痘痘，自言自语："难道我是生什么病了吗？"

林苗苗满心都是疑问。她不明白为什么自己的身体会突然发生这些变化。她越想越害怕，心里像压了一块大石头。

在学校里，林苗苗总是不自觉地缩着肩膀，试图把自己的胸部藏起来，生怕被同学们发现。她也不再像以前那样大大咧咧地和朋友们玩耍，变得小心翼翼。每当有同学不经意间看向她的胸部时，她就觉得脸火辣辣的，心里充满了不安。

晚上躺在床上，林苗苗翻来覆去睡不着。她担心这些变化会让自己变得和别人不一样，担心同学们会嘲笑自己。

因为晚上睡不好，林苗苗白天看起来没精打采的。

林苗苗犹豫了一下，还是把心中的困惑和担忧一股脑儿地说了出来。妈妈却觉得林苗苗是大惊小怪，"这不就是身体发育了吗，每个女孩子都会经历的，你别这么矫情。"

"是你问我的，我说了，你又说我矫情，我以后什么事也不告诉你了！"林苗苗愤愤地站起身来，把妈妈推出自己的房间，还把门狠狠地关上了。

【 专家说 】

　　林苗苗关上的不只是自己房间的门，也许还有她的心门，她会因为妈妈不能理解她的感觉，从而不再和妈妈诉说心事。长此以往，亲子关系势必会越来越淡漠，甚至导致孩子脾气暴躁、出现叛逆，相信妈妈也不想有这样的结果。

　　那么，就让我们启动时光机，让时间回到妈妈察觉到林苗苗情绪异常的时候，让妈妈用温暖的话语引领林苗苗走出身体变化引起的困惑吧。

【 　情景重现　 】

　　妈妈坐在林苗苗身边："苗苗，妈妈发现你最近好像有些心事，愿意和妈妈说说吗？"

　　林苗苗犹豫了一下，还是把心中的困惑和担忧一股脑儿地说了出来。

　　妈妈听完，轻轻摸了摸林苗苗的头，她从书架上取来一本画册，指着上面的图片说："宝贝，你看这些花草，它们春天开花，夏天结果，不同的季节有不同的形态，我们的身体随着年龄的增长也会经历各种变化，尤其是进入青春期，这些变化是为了让我们变得更加成熟和美好，胸部发育、长毛发，这些都是成长的信号，你不要觉得害羞或者害怕，要学会坦然面对。"

听了妈妈的话，林苗苗渐渐明白了，这些身体变化都是成长的必经之路，就像四季更替一样自然，她心里的大石头终于落了地，不再那么焦虑和不安。她又变得开朗活泼起来。

【专家还说】

孩子进入青春期，随着身体发生着微妙的变化，生理和心理都会发生变化，许多在父母看来习以为常的事，其实在孩子心中都是天大的事，是羞于说出口的。所以，父母一定要关注孩子的变化，当孩子迷茫、无助的时候，作为父母一定要耐心倾听，对孩子的担心，一定要表示自己感同身受。这样孩子才会进一步和你倾诉，愿意向你袒露心声。

"尴尬事"不尴尬

　　这天，阳光洒满操场，最后一节正好是体育课，体育老师一声令下，大家开始绕着操场跑步。林苗苗和往常一样，努力地跟着队伍。

　　可没跑多久，林苗苗突然感觉一阵坠胀感袭来，紧接着下身传来一股温热，她心里"咯噔"一下，脚步也变得迟缓起来。虽然她觉得这种感觉有些奇怪，但不明白发生了什么，于是她继续和同学们一起跑。

　　跑完步，林苗苗手足无措地站着，旁边的同学告诉林苗苗，她的裤子上有一摊血迹。

　　林苗苗低头一看，顿时脸色煞白，脑袋"嗡嗡"作响。

　　"天啊，真是丢死人了！"一种莫名的羞耻感如潮水般将她淹没。她恨不得找个地缝钻进去。老师发现了这个情况，便让她先回家。

　　林苗苗回到家后，就径直冲进自己的房间，重重地关上了门。

　　"谁又招惹你了？"妈妈皱起眉头，冲着她的房间喊道。

　　直到吃饭的时候，林苗苗才红着眼睛走出来，在妈妈的再三询问下，她把体育课上的遭遇告诉了妈妈，说着说着，眼泪又止不住地流了下来。

这有什么好哭的，不就是来月经了吗，每个女孩子都会经历的，你就别大惊小怪了。

可是被同学们看见了，真丢人……

这有什么丢人的，要我说啊，你就是太敏感了……

林苗苗听了妈妈的话，心里更加难过了，她默默地放下手里的碗筷，一声不吭地回了自己的房间。

一连几天，林苗苗一回家就把自己关在房子里，不肯多说一句话。

看着林苗苗越来越沉默，爸爸疑惑地问妈妈："这孩子这几天是怎么啦？"

妈妈也无奈地摇了摇头。

【 专家说 】

青春期的孩子本来就处于一个敏感的时期，父母在面对孩子身体发育的问题时，要避免简单粗暴、不耐烦的回应方式。如果妈妈在林苗苗向她哭诉的时候，能够耐心地倾听并表示对她的委屈感同身受，相信林苗苗是愿意和她进行深入交流的，也会愿意跟她分享自己的心事。

现在，就让我们启动时光机，让时间回到那个林苗苗被羞耻之心充斥着的傍晚，给妈妈一次和女儿重归于好的机会，希望妈妈能好好把握这次机会哦！

【 **情景重现** 】

"宝贝，跟妈妈说说，发生什么事了？"妈妈拉着林苗苗的手，担心地问。

林苗苗犹豫了一下，还是把体育课上的遭遇告诉了妈妈，说着说着，眼泪又止不住地流了下来。

妈妈温柔地把林苗苗搂进怀里，轻轻拍着她的背，说道："傻孩子，这没什么好羞耻的，月经是每个女孩子都会经历的正常生理现象，它就像一个小天使，来告诉你，你正在慢慢长大，成为一个成熟的女孩。"

林苗苗抬起头，疑惑地看着妈妈："真的吗？可是被同学们都看到了……"

妈妈微笑着看着她的眼睛，认真地说："同学们迟早也会了解这些知识。这是我们身体的自然变化，是很美好的事情。"

在妈妈温暖又耐心地解释下，林苗苗知道了，原来，这不是什么丢脸的事，而是成长的标志。妈妈还告诉林苗苗如何使用卫生巾，以及在这几天需要注意的事项。

"妈妈，谢谢你告诉我这些，我再也不觉得难为情了！"林苗苗依偎在妈妈的怀里，感觉到踏实而幸福。

【专家还说】

父母除了给予孩子物质满足，更应该留意孩子的情绪变化，给予充分的理解与安慰。面对青春期的问题，可以用温和、科学且充满爱意的方式讲解生理知识，比如采用讲故事、打比方等生动的形式，让孩子明白这是成长的必经之路。多分享自身经历，增强孩子的认同感，帮助他们坦然面对成长中的各种变化，这样才能让亲子关系更加融洽，助力孩子健康成长。

我们生而不同

林聪聪发现，最近姐姐好像和他没以前那么亲热了，小时候姐姐很喜欢抱他亲他，他们有时候还会在一张床上睡觉，可是现在，只要他一靠近姐姐，姐姐就说："去去去，一个男孩子，离我远点，你不知道男女有别吗？"

"男孩和女孩之间到底有什么区别呢？"林聪聪很想知道。

这天下午，爸爸妈妈都没在家，林苗苗在浴室洗澡，当听到浴室里传来水流声时，林聪聪的好奇心再也按捺不住，他悄悄地走到浴室门口，小心翼翼地转动门把手。

林聪聪把门打开一道缝，瞪大眼睛好奇地往门缝里看。

林苗苗听到了响动，往门口一瞥，看到林聪聪竟然偷看自己，"林聪聪，你干吗？快把门关上！"林苗苗大声喊了起来，吓得林聪聪赶紧跑回了自己房间。

等妈妈回来，满心委屈的林苗苗将下午发生的事情一五一十地告诉了她。

　　林聪聪本来还担心妈妈会骂自己，现在妈妈不但没有责备自己，而且还说了，这没有什么，因为他们是姐弟！从此以后，他总是找各种机会想要窥探姐姐。有时，姐姐在房间换衣服，他会悄悄趴在门口偷看。

　　而林苗苗呢，她觉得自己仿佛没有了一点儿隐私，时刻都被一双眼睛盯着。每次看到弟弟，她的心里就像堵了一块大石头，烦躁又委屈。

【 专家说 】

在成长的旅程中，两性认知是孩子内心世界逐渐打开的一扇门。这扇门背后，藏着他们对自身和异性的探索渴望。而妈妈，作为孩子成长路上的重要引路人，在这个关键时期的缺席，就如同在孩子探索未知的道路上，关闭了那盏至关重要的明灯。孩子对两性的认知，需要正确的引导和理解，妈妈此时的忽视，可能会让孩子在迷茫中徘徊，甚至走向错误的方向。

为了不让林聪聪在错误的路上越走越远，我们就再次启动时光机，让妈妈给予他正确的指引。

【 情景重现 】

林苗苗一脸委屈："妈妈，林聪聪他偷看我洗澡……"

妈妈安慰道："弟弟这么做是不对的，我会批评他的！让他保证以后再不会这样了！"

妈妈把林聪聪叫到跟前，神情严肃地看着他说："聪聪，姐姐已经长大了，她有自己的隐私。你偷看姐姐洗澡是不礼貌、不尊重别人的行为。每个人都有属于自己的小秘密，我们要学会尊重他人的隐私，尤其是对女孩子。你能明白吗？"

　　林聪聪低着头，红着脸小声说："我就是想看看姐姐和我有什么不一样。"

　　"男孩和女孩生来身体结构是不一样的，这是很正常的生理现象，对异性身体感到好奇是可以理解的，但不能用这种不恰当的方式去探索。随着我们长大，我们要学会用正确的方式去了解，比如看书、学习科学知识……而偷窥别人是不道德的，甚至还会犯罪，知道了吗？"

　　林聪聪低着头，红着脸说："妈妈，我知道错了，我以后再也不偷看姐姐了！"

【专家还说】

　　当孩子在青春期对男女身体感到好奇时，父母尤其是妈妈，要及时察觉孩子的变化和问题。一方面，要以开放、坦诚的态度和孩子沟通，让他们明白男女身体结构的差异是正常的生理现象；另一方面，要教导孩子学会尊重他人的隐私和边界，培养正确的价值观和道德观。通过积极的引导，帮助孩子健康、快乐地度过这个特殊的成长阶段。

是心动的感觉

在阳光洒满的教室里，林苗苗的目光总是不自觉地飘向前排那个身影——班上的男生晓峰。晓峰阳光开朗，数学成绩特别好，还经常主动给成绩不好的同学讲题，林苗苗就是因为他的帮助数学成绩才有所提高的。

林苗苗也说不清楚这种心动是从何时开始的。每当晓峰出现在视线里时，林苗苗的心就像揣了只小兔子，怦怦直跳。这种好感不知不觉地在她心底生根发芽，让她的内心既欢喜又有些不知所措。林苗苗不知道这种事可以和谁说，便将内心所想写在一张张的小纸条上，然后夹在了书中，不料被妈妈发现了。

妈妈的责骂如同一把利刃，深深刺痛了林苗苗的心。她想不明白，为什么自己美好的感情会被妈妈如此贬低。难道喜欢一个人是件丢人的事吗？

从那以后，林苗苗仿佛变了一个人。她一回到家里，就把自己关在屋子里，和谁也不说话，课堂上，她更加心不在焉，成绩一落千丈。

【 专家说 】

青春期的心动，宛如一场不期而至的微风，轻轻拂过孩子们的心间，它的出现有着一定的必然性。青春期的孩子，身体和心理都在发生着巨大的变化，对情感有着更为敏锐的感知，他们渴望被关注、被理解，而当遇到那个能让自己心动的人时，这种懵懂的感情便油然而生。此时，父母应化身温暖的灯塔，以理解为光，穿透懵懂的迷雾，让孩子知道情感的萌动并非过错，用尊重作舟，承载孩子的秘密与心事，而不是粗暴地践踏他们内心的花园。

妈妈的做法明显伤害了林苗苗的心，让她觉得心动是一件羞耻的事，对自己产生怀疑，甚至自暴自弃。其实，早恋现象的本质，是孩子在成长过程中对情感探索的一种尝试，如果妈妈不只是一味地责备，而是加以正确的引导，相信林苗苗会找到懵懂情感的出口……那我们就开启时光机，让一切重新来过！

【 情景重现 】

妈妈拉着林苗苗的手，亲切地说："苗苗，妈妈看到了你写的一些小纸条，知道你心里有了一些小秘密。妈妈想和你好好聊聊，你愿意吗？"

林苗苗有些难为情地点了点头。

"这没有什么好难为情的，其实，妈妈像你这么大的时候，也有过类似的经历，当时也对一个男生有了好感，那种感觉既美好又有些不知所措……"妈妈微笑着，回忆着过去的美好。

接着，妈妈认真地说："青春期对别人产生好感是很正常的，这说明你在成长。但恋爱是一件需要慎重对待的事情，你们现在还太小，很多方面都不够成熟，因为恋爱不仅仅是心动，还需要承担责任……"

林苗苗静静地听着，心中的困惑渐渐消散。她开始明白，自己的感情并不是什么可耻的事情，只是需要正确对待。

从那以后，她不再像之前那样迷茫和焦虑，学习也慢慢找回了状态，上课的时候，她不再把全部心思都放在那个男孩身上，而是认真听讲，因为她知道，青春期的感情只是人生中的一段小插曲，而自己还有更重要的事情要做。

【专家还说】

　　青春期的孩子对异性产生好感，就像是在成长之路上走进了一片迷雾，更多的是好奇、迷茫、不确定和探索……由于孩子们的心智尚未成熟，他们往往难以把握好其中的分寸。所以，当孩子出现早恋迹象时，父母正确的做法是应该先表达理解与接纳，然后再讲清楚其中利害并加以引导。如此，孩子方能在爱的滋养下，学会正确面对情感，在成长的道路上稳步前行，让青春的花朵绽放得更加绚烂。

我想快点儿长大

课外活动时间，林聪聪和班上几个同学正在操场上玩耍，突然，一只篮球朝他们飞来，眼看就要砸到一个女同学的身上，这时候，旁边的几个高年级的学生看见了，只见其中一个轻轻一跃，就将篮球稳稳地接到了手里。

"哇，简直太帅了！"围观的几个女同学发出一阵欢呼。

在女生们的赞叹声中，那几个高年级男生故意挺起胸膛，装出一副大人的模样，引得周围的女生不时投来关注的目光。

林聪聪的心里充满了羡慕。其实，他早就注意到那些高年级男

生了，他们的喉结微微凸起，说话的时候声音低沉有力，举手投足间透着一股别样的成熟。他心想："要是我也能像他们一样，早点发育成熟，那该多好啊！这样我就真正成为男子汉了，大家都会对我刮目相看。"

很显然，林聪聪没得到满意的答案。不过，但他并没有放弃对成熟的向往。

一天，他在小区玩的时候听到几个妈妈在聊天，说现在的孩子，总喜欢喝各种饮料，结果都提前发育了，男孩子小小年纪都长出了喉结……林聪聪心里顿时有了主意。

从此以后，林聪聪把零花钱都用在了买各种饮料上。结果有一天，他突然肚子疼，送到医院经过检查才知道，原来是饮料喝多了。

医生问他为什么要喝这么多的饮料，林聪聪偷看了一眼妈妈，低声说："我想快点长大成为男子汉，经常喝饮料可以长出喉结……"

【 专家说 】

在孩子成长的漫漫长路中，对性成长的好奇与渴望是再正常不过的心理。就如同林聪聪，在看到他人展现出的成熟特征时，内心自然地萌生出向往。这是人类成长过程中对未知的探索，对成为更强大、更受瞩目的自己的期待。然而，成长是一场遵循自然规律的旅程，性成长更是如此。它不像一场可以随意加速的赛跑，不能违背其既定的节奏。父母要让孩子知道，每个孩子都有自己独特的成长时间表，过早地追求成熟，就如同揠苗助长，可能会破坏原本健康的成长轨迹。

如果当时妈妈能给林聪聪正确的引导，林聪聪也不至于试图通过喝饮料的方式让自己"成熟"，导致身体受到伤害。那就让我们再一次启动时光机，回到那个林聪聪渴望快点长大的时刻。

【 **情景重现** 】

林聪聪站在镜子前，仰着头，用手摸着自己的脖子，问妈妈："我为什么没有喉结啊？"

妈妈说："因为你还没有进入青春期啊！"

"青春期是什么？"林聪聪问。

"青春期是每个人从儿童发展成为成年人的过渡期，在这个阶段，身体会发生很多变化，比如男孩子会开始长喉结、变声，这都是正常的生理现象。但这些变化都需要时间，不能着急。如果过早地让身体发生这些变化，可能会影响健康哦……"

"可是，我现在就想长大！"林聪聪着急地说。

妈妈拉起林聪聪的手，轻声问道："宝贝，你为什么那么希望自己早点长大？"

林聪聪犹豫了一下，鼓起勇气说："我想和那些高年级的同学一样，长出喉结，说话声音变粗，那样就会让别人觉得我很厉害……"

妈妈微笑着点点头："妈妈理解你的想法，每个人都希望被关注、被认可……可是每个人的成长都有自己的节奏，就像小树苗，有的长得快，有的长得慢，但最后都会长成参天大树……另外啊，只要你认真学习，热心地帮助别人，别人也会觉得你很厉害的哦！"

"嗯，妈妈，我懂了！"林聪聪点了点头，"我以后再也不喝饮料了！"

经过和妈妈的谈心，林聪聪眼中的迷茫渐渐消散，对自己的成长有了新的认识。

【专家还说】

当孩子遇到对性成长有困惑等问题时，父母首先要保持开放的心态，不要觉得难以启齿或避而不谈。像林聪聪妈妈一开始的忽视，可能会让孩子在迷茫中独自探索，容易产生不良的后果。其次，要提供科学的信息。父母可以通过书籍、科普视频等多种渠道，获取准确的知识，用简单易懂的方式讲给孩子听。同时，父母要耐心倾听孩子的想法，了解他们内心的困惑和渴望，给予足够的关心和支持。只有这样，才能帮助孩子正确认识自己的成长，助其顺利度过每一个成长阶段。

不要过度关注成人的世界

　　这天晚上，林苗苗早早就做完了作业。因为老师还布置了一道安全知识小测试，需要在网上在线答题，于是她打开了家里的电脑。

　　然而，电脑刚打开，一条推送消息映入眼帘，标题十分诱人："揭秘不为人知的神秘世界，点击查看精彩内容"。林苗苗好奇心顿起，点了进去。页面跳转后，出现的却是一些让她面红耳赤的画面和文字，都是她从未接触过的成人内容。

她惊慌失措地刚想要关闭页面，就在这时，妈妈端着一杯果汁走进房间，一眼就看到了屏幕上的画面。妈妈的脸色瞬间变得铁青，手中的果汁差点滑落。

林苗苗被妈妈突如其来的责骂吓得一哆嗦，泪水在眼眶里打转。她委屈极了，明明自己只是无意间看到的。

妈妈的严厉表现反而让林苗苗心里生出了一种好奇：这些东西为什么会让妈妈觉得如临大敌呢？

晚上，她躺在床上翻来覆去睡不着，鬼使神差地又偷偷起来打开电脑，在好奇心的驱使下浏览那些网页，心里怦怦直跳。

【 专家说 】

青少年性教育，就如同在一片朦胧的迷雾森林中为孩子点亮一盏灯。孩子在成长过程中，对性产生好奇是自然且正常的现象，这是他们探索自我、认知世界的一部分。而父母简单粗暴的处理方式，往往就像一阵狂风，不仅吹灭了那盏本可引导孩子的灯，还将孩子推向了更深的迷雾之中。

相反，如果父母采用一种开放、包容的态度应对，孩子反而会不再关注这些。如果时间回到林苗苗刚刚看到那些两性画面时，希望妈妈有不一样的应对方式。

【 情景重现 】

林苗苗的电脑上，显示着两性页面。

妈妈一边将果汁放到桌上，一边轻描淡写地说："现在网络上怎么老是弹出这些画面……"

看到妈妈好像没有生气，林苗苗便好奇地问妈妈："妈妈，这些画面是干什么的？"

妈妈说："这些啊，都是一些不良网站为了吸引人的眼球故意放的……你现在已经进入青春期了，是该知道性是怎么一回事了。性是我们每个人成长过程中都会接触到的一部分，就像花朵会盛开，鸟儿会长大一样，这是生命的自然规律，但是现在，它不应该成为你生活的关注点，你更应该关注的是自己的身体在青春期会发生的变化，了解这些变化，然后更好地保护自己，照顾自己。"

妈妈还找来了一本关于青春期生理知识的书，和林苗苗一起慢慢翻看，耐心地讲解着两性之间的生理差异、青春期的身体变化以及如何正确对待这些变化。林苗苗听得很认真，原本眼中的好奇渐渐被理解和释然所取代。

通过这次交流，林苗苗心中对两性的好奇感慢慢消散了，她明白了这是成长过程中必然会了解的知识，没有必要过度探寻。

【专家还说】

当父母面对孩子类似情况时，首先要保持冷静和理智，不要被自己的情绪左右，做出错误的反应。首先，以平和、开放的心态与孩子沟通，让孩子感受到被理解和尊重。其次，用科学、正确的知识引导孩子，满足他们的好奇心，帮助他们建立正确的性观念。最后，给予孩子足够的信任，让他们知道在面对困惑时可以毫无顾虑地向父母寻求帮助。这样才能在孩子成长的道路上，为他们照亮前行的方向，帮助他们顺利度过青春期。

第 三 章

校园生活，
不只是学习

　　校园生活，不只是学习，更是成长的舞台。父母在孩子的成长过程中扮演着至关重要的角色，他们不仅是孩子的第一任老师，更是孩子人生观、价值观的重要塑造者。然而，许多父母往往只关注孩子的学习，而忽视了校园生活中其他重要的方面，比如安全、暴力、语言霸凌、社交恐慌、不喜欢运动和没有团队意识等问题。

　　除了学习，父母应关注孩子的身心健康、安全、社交能力以及价值观的培养，及时发现并解决问题。只有这样，才能真正帮助孩子在校园生活中茁壮成长，成为有责任感、有爱心、有担当的人。

没有什么比安全更重要

下课铃一响，老师刚走，同学们就争先恐后地涌出教室，有些在楼道里玩，有的下楼去操场上玩。

林聪聪和同桌商量好课间要去打乒乓球，因为他们的班级在三楼，所以他们俩比赛看谁先下楼跑到操场。楼道上满是学生，可是为了能先下楼去，同桌高举起球拍，嘴里喊着"让开让开"就横冲直撞地往楼梯口冲去。

林聪聪也是不甘示弱，紧跟其后，下楼梯的时候，几级台阶并成一级，几次差点撞倒同学。

他们俩的危险举动恰好被老师看见了，老师严肃地批评了林聪聪和他的同桌，告诉他们这样极不安全。

放学的时候，老师和林聪聪妈妈在校门口沟通。

林聪聪本来还担心妈妈会骂他，一听妈妈这话，原本紧张的心情瞬间放松，觉得自己的行为好像也没什么大不了的，很快就把老师的话抛在了脑后。

第二天，林聪聪又和同桌比赛谁先下楼。

眼看着同桌已经快跑到一楼了，林聪聪突然灵机一动，直接跨坐在楼梯的扶手上面，"哧溜"一下就滑了下去。

结果，在同学们的惊呼声中，林聪聪摔得头破血流。

妈妈接到电话赶到医院，一看到受伤的林聪聪，心疼不已，泪水瞬间夺眶而出。

【 专家说 】

对于父母而言，孩子的安全是重中之重。当孩子在学校出现安全问题时，父母不能轻视或忽视，而应给予必要的引导和教育。安全意识的培养，如同在孩子心中种下一颗坚韧的种子，随着时间的推移，它会生根发芽，成长为保护孩子的坚固屏障，让他们在人生的道路上稳步前行，远离不必要的伤害。

面对受伤的林聪聪，妈妈满心懊悔自己当初没有重视老师的提醒，没有好好教育林聪聪注意安全。那就启动时光机，让妈妈有机会弥补自己的过失。

【 情景重现 】

放学的时候，老师和林聪聪妈妈在校门口沟通。

老师告诉了林聪聪妈妈两个孩子在楼道横冲直撞的事。

林聪聪妈妈对老师说："谢谢老师告诉我这些，我一定会好好教育聪聪，让他一定注意安全！"

回到家后，妈妈把林聪聪叫到身边，脸上没有了往日的笑意，取而代之的是一脸的严肃，"聪聪，你想一下，如果大家都像你，在走廊、楼梯上追逐打闹，会是什么样的情况？"

"大家都会碰撞在一起……"林聪聪想了想说。

"对啊，这样是很危险的，无论是你自己还是别的同学，都会发生意外而受伤，人这一生中，没有什么比安全更重要，以后可不能再这样做了，这既是对你自己的保护，也是对别人负责，知道了吗？"

"我知道了，妈妈，老师今天也教育过我了，我以后在学校再也不追逐打闹了……"

第二天，当同桌又要和林聪聪比谁先跑下楼的时候，林聪聪认真地说："那样不安全，我们还是玩点别的吧！"

【专家还说】

　　父母是孩子成长路上的第一任老师，必须高度重视孩子的安全问题，要时刻保持敏锐的洞察力，关注孩子在学校的行为表现。不能因一时的疏忽或错误认知而轻视孩子任何影响安全的行为。同时，正确的引导方式至关重要，以耐心和关爱为基石，通过生动的故事、实际的案例，让孩子明白安全的重要性，为孩子营造一个安全意识浓厚的成长环境。

暴力不能解决问题

教室里有个读书角，架子上放着一些课外书，课外活动时间同学们可以挑选自己喜欢的书看。

这天老师又放了几本新书在那里，其中有一本林聪聪喜欢看的故事书。林聪聪想去取着看的时候，那本书却被李壮壮抢先一步拿在了手里。

"这本书我先看！"林聪聪说。

"不行，是我先拿到的！"李壮壮理直气壮地说。

"书在谁手里谁先看！"林聪聪说着，一把从李壮壮手里将书夺了过来。李壮壮上前争抢，却被林聪聪推了一把，差点儿摔倒。

过了两天，同学们在一起玩卡片，林聪聪看见有特别喜欢的卡片，二话不说就伸手去抢。卡片的主人紧紧攥着，林聪聪急了，用力一拉，卡片被扯破了，还把同学扯倒在地了。被扯倒的同学委屈地哭了起来。

自从林聪聪在课堂和课间频繁展现暴力行为后，同学们对他的态度发生了巨大转变。课间休息时，原本热闹的游戏圈，只要林聪聪一靠近，大家就一哄而散。曾经一起踢球的小伙伴，也不再邀请他加入。有一次，班级组织小组活动，大家都迅速地组成了小组，只剩下林聪聪孤零零地站在一旁，眼神里满是失落和不解。他试图主动加入某个小组，却被同学们以各种理由拒绝。渐渐地，林聪聪在教室里变得形单影只，只能一个人坐在座位上，看着窗外发呆，他的世界仿佛被一层无形的玻璃隔开，与热闹的校园生活渐行渐远。

回到家后，林聪聪的脾气越来越不好，动不动就生气，妈妈终于意识到了问题的严重性。

【 专家说 】

在校园生活的大舞台上，孩子们就像一颗颗璀璨的星星，需要彼此照亮、相互陪伴。同学之间的相处，是一段温暖的旅程，需要用理解、包容和友善去铺就道路。暴力，就像一颗毒瘤，它不仅会伤害他人的身体，更会侵蚀彼此的心灵。当一个孩子选择用暴力去解决问题时，就如同在自己和他人之间筑起了一道高墙，将温暖和友谊拒之门外。

父母一定不要以为这些不良的行为是小孩之间的打闹而忽视暴力带来的危害。相信每一位父母都希望自己的孩子能和同学融洽相处。林聪聪的妈妈自然也不例外！那就启动时光机，当情景重现时，妈妈该如何做呢？

【 情景重现 】

老师："林聪聪妈妈，孩子最近在学校经常动手推搡同学、抢夺同学的东西，这样下去会影响他和同学的关系，也不利于他的成长。"

林聪聪妈妈："谢谢老师告诉我这些，我一定会关注孩子这方面的行为，回家后好好教育他！"

回到家里后，妈妈把林聪聪叫到跟前，一脸严肃地说："动手推搡他人、抢夺别人东西都是在用暴力解决问题，这是不对的。

虽然你可能因为力气大，暂时占了便宜，但是，没人会喜欢这样的人，长此以往，就没人愿意和你做朋友，没人愿意和你玩了。"

"可是如果我实在想看那本书怎么办？"林聪聪问。

"你可以说出来啊，用'能不能？''可以吗？'等这些礼貌用语和同学好好商量……"

"哦！我知道了，妈妈，我以后再也不动手抢别的人东西了……"在妈妈的耐心引导下，林聪聪意识到了自己的错误。

【专家还说】

在学校生活里，当孩子出现暴力行为时，父母积极应对至关重要。首先，要多和孩子沟通，像林聪聪妈妈后来那样，耐心倾听孩子内心的想法，了解孩子使用暴力的原因，是情绪问题，还是受到外界影响。其次，教导孩子遇到矛盾时，要通过沟通来解决问题，而不是诉诸暴力。最后，父母自身也要做好榜样，在日常生活中以平和、理性的态度处理问题，为孩子营造一个良好的家庭氛围，让孩子在潜移默化中学会正确的处事方式。

恶意的语言攻击也是霸凌

班上选班干部，林苗苗因为语文成绩好，而且作文也经常受到老师的表扬，所以当选为语文课代表。

当选之后的林苗苗为了能让大家的语文成绩有所提高，便建议老师多组织一些课外阅读活动，她还热心地找来了许多如何提高写作的书，准备分享给同学们。

可有几个同学却对林苗苗的热情冷嘲热讽，一见到她，就用语言刺激她。

"林苗苗，你认为自己很了不起吗？你其实什么也不是！"

"你这样做给谁看啊，还不是为了讨好老师……"

"林苗苗，别得意，我们迟早让你当不了语文课代表……"

林苗苗觉得很委屈，她回到家，向妈妈诉说了自己的难过和无助。

我明明只是想帮助大家，为什么大家这么多恶意呢？

嘴长在别人身上，想说什么让他们说去，你这么在意就是小题大做。

一听到他们的话，我的心里就紧张害怕……

那你就离他们远点！

　　林苗苗想远离那几个同学，可是那几个同学却盯着她不放，只要一看见林苗苗，就又开始了各种讽刺挖苦。

　　终于，林苗苗再也没有以前的热情了，她变得越来越沉默，在学校里总是独来独往，仿佛与周围的一切格格不入。曾经那个活泼开朗、积极向上的女孩不见了，取而代之的是一个自卑、怯懦的孩子。

【 专家说 】

　　对同学进行辱骂、嘲笑、威胁、恐吓、散布谣言、起绰号及恶意讽刺，都属于语言霸凌。语言霸凌会严重损害受害者的自尊心，使其感到自卑和无价值，受害者可能会因害怕被排斥而避免与他人交往，导致社交技能退化和孤独感加剧，长期的语言霸凌可能导致受害者出现焦虑、抑郁、自卑等心理问题，甚至产生自杀倾向。

　　所以，语言霸凌的危害不容忽视。若父母对孩子的求助不闻不问，孩子可能会在困境中越陷越深，影响身心健康和未来发展。如果林苗苗的妈妈知道会有这么严重的后果，相信她一定会告诉林苗苗，不要怕，我们一起面对！那就让我们启动时光机吧！

【 情景重现 】

妈妈轻轻拉着林苗苗的手："苗苗，你受委屈了，他们这样做是不对的，你放心，我们一起想办法解决这个问题！"

之后，妈妈与林苗苗的班主任取得了联系，详细且条理清晰地讲述了林苗苗在学校遭遇语言霸凌的情况。

老师听后十分重视，立刻表示会全面调查此事。果然，老师很快就找那几个同学谈了话，严肃地批评教育了他们，让他们认识到自己的行为给他人带来的巨大伤害。

那几个同学也没有想到自己的行为会有那么严重的后果，他们认识到了自己的错误，并主动向林苗苗诚恳道歉。

这下，林苗苗终于不用再躲着他们了，心里一下子轻松了不少。

【专家还说】

在孩子的成长旅程中，父母是孩子的守护者。面对孩子遭遇霸凌，父母应培养孩子的自我保护意识，让孩子明白自己的权益不容侵犯。教会孩子应对方法，如遇到霸凌及时远离现场，向老师、父母汇报。同时，引导孩子保持积极乐观的心态，不被霸凌者的言语和行为影响，让孩子在面对霸凌时能勇敢、理智地应对。

体育运动不可少

　　每天早操时间，当同学们都精神抖擞地走向操场时，林苗苗总会眉头紧皱，开始琢磨请假的借口。一会儿说自己肚子疼，疼得直不起腰；一会儿又说头疼得厉害，眼前直冒金星。老师看着她痛苦的模样，也只能无奈地批准她回教室休息。

　　到了体育课，林苗苗的借口更是五花八门。

　　就这样，每次林苗苗不想上早操或者体育课的时候，就找借口请假，老师打电话向父母证实的时候，妈妈也总是配合她，帮她在老师那里打掩护。然后林苗苗就在教室里悠闲地看着同学们在操场上挥洒汗水，心中暗暗窃喜。

　　因为长期不锻炼，在学校的体育达标测试中，林苗苗没跑几步就落在了后面，双腿像灌了铅一样沉重，怎么也跑不动。跳远时，她使出浑身力气，也只能跳出很短的距离。仰卧起坐更是做不了几个，就累得躺在垫子上。最终，她的体育成绩没能达标。

　　"没事，不达标就不达标吧，只要你身体好就行！"妈妈这样安慰她。

　　可是事与愿违。刚开始林苗苗说身体不舒服只是为了逃避体育运动而找的借口，可是没想到后来竟成真的了。早上起床受点凉就感冒了，晚上写作业的时候，窗户没有关紧吹了点风竟然就发烧了。原来，她长时间不运动不锻炼，身体的素质越来越差了。这下，妈妈才慌了。

【 专家说 】

有些父母和孩子会觉得体育运动是一件吃苦受累的事，所以会找各种借口逃避。其实，体育运动对孩子身体成长有着不可忽视的作用，经常运动的孩子，身体的免疫系统更加强大，能有效预防感冒、流感等常见疾病，也有助于预防肥胖的产生，让孩子拥有健康的体魄。同时，通过运动，身体会分泌内啡肽等神经递质，这些物质能让人产生愉悦感和放松感，有效缓解焦虑和紧张情绪，从而以更好的精神状态投入学习。

如果林苗苗的妈妈知道运动对于孩子有如此重要的作用，相信她在发现孩子有逃避运动的倾向之初，就会给予她正确的教育引导。不信的话，那就启动时光机吧，我们一起看看，这次妈妈会如何做。

【 情景重现 】

林苗苗给妈妈说："妈妈，今天体育课要跑800米，我跑不动，你能不能给老师打个电话帮我请个假？"

妈妈："你知道为什么你会跑不动吗，就是因为你平时缺少运动！我不但不会帮你请假，以后还要督促你进行体育运动。"

"可是运动也太累了！"林苗苗不满地说。

"运动是会让人觉得累，但是你知道吗？运动能让你的心肺更健康，让你的肌肉和骨骼更强壮，健康的身体是一切的基础，只有身体好了，你才能去实现自己的梦想……而且运动还能让你心情变好，遇到困难也更有勇气去面对……"

"运动有这么多的好处吗？"林苗苗将信将疑。

"试试不就知道啦！以后每天晚上你做完作业，妈妈陪你一起运动，好不好？"

果然，之后只要林苗苗做完作业，妈妈都会带着她去楼下进行一会儿体育运动，有时候是跳绳，有时候是打羽毛球，有时候是绕着小区慢跑。刚开始的时候，林苗苗只要一活动，就会气喘吁吁，不想动了，可是在妈妈的带动和鼓励下，她坚持再坚持。渐渐地，她发现好像也没有那么累了，而且通过运动，她还在小区结识了几个好朋友，她越来越喜欢运动了。

就连老师都觉得奇怪，"林苗苗，怎么现在上早操和体育课的时候，不见你请假了？"

"因为我的身体好了啊！"林苗苗大声回答。

赞！

【专家还说】

　　对于孩子来说，无论是身体层面的健康、心理层面的坚韧自信，还是社交层面的团队合作，都是不可或缺的。父母切记不能因一时的溺爱而纵容孩子的不良习惯，而应给予正确的教育和积极的引导。父母可以选择不同的运动方式，陪孩子一起运动，既可以增加亲子间交流，又可以锻炼身体，同时，也让孩子养成良好的运动习惯，拥有健康的身体和积极向上的生活态度。

团队意识很重要

学校要举办拔河比赛，班主任老师热情地动员大家积极参与，同学们个个都摩拳擦掌、跃跃欲试，纷纷跑到体育委员跟前报名。

"林聪聪，你平时力气不是很大吗，怎么不报名参加？"体育委员问林聪聪。

"我不想参加！"林聪聪闷声闷气地说。就连老师过来劝说，他也是固执地摇头，坚决不答应参加。其实，他是觉得与其参加拔河比赛浪费时间，还不如自己待着看会儿书。

林聪聪回到家，把这件事告诉了妈妈。

林聪聪对妈妈说："妈妈，学校要组织拔河比赛，老师让我参加，可我不想参加……"

妈妈："你不想参加就不参加吧，把心思都放在学习上，考个好成绩比什么都强。"

有了妈妈的支持，以后班上再有啥集体活动，林聪聪都不参加，老师再动员都无济于事。

后来，老师和同学们知道了林聪聪的脾气，班上再有什么活动，都不再跟他说了。

刚开始的时候，林聪聪还沾沾自喜，反正他觉得班级的集体活动根本不关他的事。可是慢慢地他发现，同学们好像对他疏远了不少，有时候大家在一起兴高采烈地谈论着什么，可是他一靠近，大家便闭口不谈了。

妈妈发现，不知道从什么时候起，林聪聪没有以前活泼了，而且看起来郁郁寡欢，回到家里和谁也不愿意说话，就把自己关在房间里。

【 专家说 】

集体活动和团队意识对学生的成长有着不可估量的重要作用。在集体活动中，孩子们能够锻炼社交技能，学会与不同性格的人相处，建立深厚的友谊，这对他们的心理健康和情感发展至关重要。团队合作还能培养孩子的责任感，通过共同完成任务，孩子们可以提高解决问题的能力，学会从不同角度思考，增强创新思维。

林聪聪不愿意参加集体活动，是因为对班级没有集体荣誉感，才导致同学们对他的疏远。妈妈肯定不想有这样的后果，那就让我们再次启动时光机，让妈妈给予林聪聪该有的教育和引导吧。

【 情景重现 】

林聪聪对妈妈说："妈妈，学校要组织拔河比赛，老师让我参加，可我不想参加……"

妈妈："拔河比赛的时候，所有的同学劲儿都往一处使，你可一定要参加，好好体验一下班级的凝聚力，相信你会喜欢上这种为班级贡献自己力量的感觉的！"

"可是我觉得那是浪费时间……"林聪聪说。

"参加集体活动并不是浪费时间，相反，他还有很重要的作用，比如集体活动能让你交到很多好朋友，大家一起努力完成一件事情，那种感觉特别棒，在团队里，你能发挥自己的长处，也能从别人身上学到很多东西。而且，当你为集体做出贡献后，会有一种特别的荣誉感，这种感觉是学习成绩换不来的。"

"相信妈妈，只要你参加一次集体活动，你会喜欢上那种为集体荣誉而战的感觉！"妈妈鼓励地看着林聪聪，"去参加拔河比赛，好吗？"

在妈妈期待的目光中，林聪聪点了点头。

当拔河比赛的哨音吹响的那一刻，林聪聪的头脑里突然什么也不想了，他只想着使出自己的所有力气，要赢了对方。而其他同学也在一声声加油声中，朝着一个方向使劲……终于，他们班赢得了胜利。

大家激动地拥抱，欢呼……林聪聪终于知道妈妈没有骗他。

赞！

【专家还说】

这就是集体活动的重要意义，它不仅让孩子体会到了团队的力量，而且让孩子获得了成就感，从而提升自信心。所以，面对不喜欢参加集体活动的孩子，父母一定要及时给予积极引导，激发孩子的兴趣，让孩子感受到自己在集体中的价值，找到集体荣誉感和归属感。

第 四 章

心灵的港湾，
永远等你停泊

在课业压力与成长困惑交织的校园生活中，心理健康正成为影响中小学生全面发展的关键要素。当焦虑情绪像藤蔓般缠绕思绪时，当社交困惑如同迷雾笼罩心房时，这些看不见的心理波动正在悄然改变着青少年的生命轨迹。研究表明，长期处于心理亚健康状态的学生，其学习效率下降幅度可达 40%，更可能形成自卑敏感的个性特征。

心理健康并非抽象概念，它真切地体现在每个成长细节中，需要被父母理解并加以正确的引导。

拒绝焦虑内耗

　　林苗苗发现，自从上了初二，课间休息时，同学们都在争分夺秒地刷题、背单词，周末也被各种补习班、兴趣班填满。看着同学们一个个像上了发条的机器般连轴转，林苗苗的内心渐渐涌起了不安。她开始担心自己一旦松懈，就会被远远地甩在后面。

　　尽管她已经很努力了，但每次考试后公布成绩的时候，她的心里都惴惴不安，看到别人的成绩比她好，她的焦虑就像潮水一般将她淹没。这就导致她每次考试的时候特别紧张，可一紧张就容易出错，很多平时会做的题也做不对了。

　　妈妈拿着试卷一脸的失望："林苗苗，你看看，大家都是一样起早贪黑地上学读书，为啥人家能考好，你就不行呢？"

　　林苗苗苦恼地对妈妈说："妈妈，我也想学好，可是我最近老觉得精神不能集中，晚上睡眠也不好……"

　　"我看你啊，就是因为一天老想一些没用的，没有把心思放在学习上……"

　　林苗苗知道，对于妈妈来说，成绩没考好就是错，自己再说什么也是找借口，她只好沉默着听妈妈的数落，暗自发誓自己一定要好好学习，下次一定要比别的同学考得好。

可是事情好像进入了一个恶性循环，她越想考个好成绩，结果就越紧张，考试的时候，面对一些简单的题，她的头脑也会一片空白。

躲在门后的林苗苗听到父母的对话，心情一阵落寞。

"我要努力，我要努力，我不能让他们失望……可是，我学不好怎么办，也许妈妈说得对，我根本就不是学习的料……怎么办，我该怎么办？"晚上躺在床上，林苗苗辗转反侧，陷入焦虑中，白天上课的时候，又不由自主地打起瞌睡。

面对精神状态和学习成绩都越来越差的林苗苗，爸爸妈妈更加忧心忡忡。

【 专家说 】

　　林苗苗的现象就是典型的心理健康出现了问题。孩子一旦出现心理问题，就会导致注意力难以集中，像林苗苗一样，时常处于焦虑之中，上课无法专注听讲，知识吸收效率降低，进而影响学习成绩。而妈妈之所以会忽视林苗苗的感受，一方面是因为她缺乏对青少年心理健康知识的了解，另一方面，妈妈也和很多父母一样，过于看重孩子的学习成绩，认为只要学习好，其他的都不是问题。在这种观念的影响下，妈妈对林苗苗的心理需求选择了无视，最终形成恶性循环，加重了孩子的心理负担。

　　妈妈一定会对自己的忽略追悔莫及，那就让我们再次启动时光机，让妈妈用温暖和智慧，给孩子以爱的启迪，帮助林苗苗走出困境。

【 情景重现 】

　　林苗苗苦恼地对妈妈说："妈妈，我也想学好，可是我最近老觉得精神不能集中，晚上睡眠也不好……"

　　妈妈一脸的关切："都是妈妈错怪你了，你不舒服，应该早点和妈妈说……"

　　林苗苗看到妈妈如此关切和理解自己，便把自己的担心和焦虑都告诉了妈妈："看到别的同学学习成绩那么好，我一直怕你们会责怪我，会觉得我没有努力，其实我真的已经很努力了，就是不知道为什么一到考试我就紧张，头脑一片空白……"

　　妈妈轻轻地将她搂在怀里："好女儿，我们是希望你学习成绩好，但是，学习成绩并不是全部，我们更多的是希望你身体健康，快乐成长……都是妈妈的错，没有早点告诉你这些……"

　　妈妈的话让林苗苗如释重负，可是她很快又想这是不是妈妈为了安慰她才这样说的，心里的愧疚感又出现了。

　　妈妈也察觉到了林苗苗并没有真正地打开心结，于是每天放学林苗苗回家后，妈妈不再是让她去房间里做作业，而是让她去楼下和小伙伴玩一会儿，周末天气好的时候，一家人就去郊外野炊。渐渐地，林苗苗发现原来除了学习，生活中还有许多有趣的事，她再也不焦虑内耗了。

　　不再焦虑内耗的林苗苗突然发现自己干什么都劲头十足，上课的时候，更是精神饱满。到了考试的时候，也不再担心考不好，而是认真对待。没想到，成绩反而比原来好了。当然了，即使偶尔没有考好，林苗苗也会想，这没有什么大不了的，说明我还需要继续努力！

赞！

【专家还说】

　　孩子的心理健康宛如基石，支撑着他们的成长与未来。健康的心理能让孩子以乐观的心态面对生活的挑战，在挫折面前保持坚韧不拔的精神。在日常生活中，父母要时刻留意孩子的情绪波动，及时发现孩子的异常情绪，给予关心和安慰。定期与孩子进行深入的沟通，让孩子感受到被尊重和理解，鼓励他们表达内心的想法和感受。让他们在兴趣中找到快乐和自信，释放压力。

做不可替代的自己

　　林苗苗班上要组织一次文艺表演，许多同学都争相报名参加。起初的时候，林苗苗也没觉得有什么问题，可到了表演的时候，她才发现，班上就只有她和几个同学因为没有什么才艺没有报名。看着别的同学在舞台上不是唱歌，就是跳舞，还有的弹奏乐器，自信张扬地展示各自的才艺，赢得阵阵掌声。

　　"唉，看来别人都是演员，就我们几个是观众……"

　　"谁让我们没有唱歌跳舞的天赋呢？"

　　"唱歌跳舞也要长得漂亮才行啊……"

　　林苗苗和几个没有上台的"观众"一边欣赏节目一边感慨，本来是自嘲说着玩，但说着说着，林苗苗却沉默了，因为她突然觉得自己原来一无是处。

　　而且这个念头一旦产生，就再也摆脱不了了。在学校里，她看着周围的同学，总会不由自主地想："你看人家，长相甜美，又能歌善舞，而林苗苗，你再看看你自己，学习成绩一般，长相一般，就连穿着也这么普通……你真是太差劲了！"

　　每次看到那些备受瞩目的同学，林苗苗心里就涌起一股羡慕，甚至是自卑。她觉得自己和别人在一起时，就像一颗黯淡无光的星星。

　　可林苗苗不想接受这个事实，她不想再普通下去，她也要变得出众。于是，她开始疯狂模仿那些她认为优秀的同学，看到有同学穿着时尚的衣服，她也缠着妈妈给自己买同样款式的；看到有同学学钢琴，她也让妈妈给她报钢琴班……上课的时候，她总是心不在焉，因为她满脑子想的都是如何才能像别人一样优秀。回到家后，她把自己关在房间里，对着镜子一遍又一遍地练习那些她认为能让自己变得出众的动作和表情。她甚至为了变漂亮，偷偷跟着网上的"美妆博主"学起了化妆。

可是事与愿违，同学们反而觉得她怪怪的，对她疏远了不少。

【 专家说 】

　　青少年长期处于自我怀疑和自我否定的状态，危害不容小觑。从心理健康方面来看，会引发抑郁、焦虑等负面情绪，导致注意力不集中、学习动力下降，进而影响学习成绩。若这种状态持续恶化，可能会使孩子产生厌学情绪，甚至引发更严重的心理疾病，对未来的人生道路造成难以估量的负面影响。在人际关系上，自我否定的孩子往往缺乏自信，不敢主动与人交往，容易陷入孤立无援的境地，影响社交能力的发展。

　　如果时光回到从前，相信林苗苗的妈妈一定会给予孩子正确的引导。那就让我们再次开启时光机吧！

【 情景重现 】

　　林苗苗对着镜子仔细端详自己，越看越觉得不满意，心里不断地否定自己："我怎么这么不漂亮，一点气质都没有，和别人比起来，我简直一无是处。"

　　妈妈："傻孩子，每个人都有自己的闪光点，不能只看到别人的好，而看不到自己的好！"

"可我既不漂亮，学习成绩也一般，还没有什么特长，和别人比起来什么都不是，能有什么闪光点？"林苗苗垂下了头。

"可你热爱集体啊，还能热心地帮助别的同学，在家里也能主动帮爸爸妈妈干活，你善良、懂事，这都是很珍贵的品质，都是闪光点啊……苗苗，你可是爸爸妈妈的骄傲啊！"妈妈认真地说。

"可是别的同学都那么优秀……"林苗苗低声说。

"苗苗，每个人都是独一无二的，每一朵花都有自己独特的美丽，每一件事物的存在都有它的价值和意义，你不用变成别人的样子，只要做好自己就好。"

在妈妈的引导下，林苗苗逐渐意识到每个人都是不可被复制和替代的，她不再盲目模仿别人，而是开始关注自己的内心需求。

转眼间，学校要举办艺术节，在妈妈的鼓励和帮助下，林苗苗到处查阅资料，为班级策划了一个活动方案，竟然得到了大家的一致好评，同学们都夸林苗苗太棒了。

原来，做自己才是最快乐的，也只有这样才能真正绽放属于自己的光彩。

【专家还说】

当孩子陷入自我否定时，父母的正确引导至关重要。首先，要倾听，给予孩子足够的表达空间，感受孩子的内心世界，让孩子知道自己被重视。其次，及时肯定孩子的进步和优点，哪怕是微小的闪光点，都能增强孩子的自信心。鼓励孩子参与兴趣活动，在做喜欢的事情中培养专注力和价值感。

攀比之风要不得

最近只要一下课，有几个同学总是围在一起，互相炫耀自己又新买了什么好东西。

林聪聪的同桌得意地晃着手腕上的电话手表，炫耀道："这可是最新款，你们还没见过吧？"

坐在后排的另一个同学也不甘示弱，"这有什么啊，我妈给我买了最新款的平板电脑呢！"周围的同学纷纷都向他们投去羡慕的目光。

林聪聪看了看自己手腕上去年买的电话手表，心里有些不是滋味。

同学们看到林聪聪戴着新买的电话手表，一下课就纷纷围了过来。

在同学们的吹捧声中，林聪聪扬扬得意地瞄了一眼同桌。

自从买了新电话手表之后，林聪聪便一下子喜欢上了在同学面前炫耀的感觉，他开始变着法儿让妈妈买新东西，今天想要名牌运动鞋，明天又想要时尚的背包。只要妈妈稍有犹豫，他就会气恼地说别的同学都有，如果他没有，他都不好意思去上学……这个时候，妈妈终于意识到自己从一开始就错了。

【 专家说 】

攀比会让人陷入物质的旋涡，无法自拔。作为学生，如果把心思放在和同学比较谁的东西更昂贵、更时尚，不仅会分散学习精力，导致成绩下降，还会影响价值观。同时，也会忽略了与同学之间真诚的交流，使得他在同学中变得孤立。同时，攀比也会使孩子的内心被虚荣和嫉妒填满，失去原本的纯真和快乐。所以，当孩子出现攀比心理时，父母的及时正确的应对方法至关重要。如果像林聪聪的妈妈一开始那样，听之任之，甚至满足孩子不合理的要求，只会让孩子的攀比心理越来越严重。

林聪聪的妈妈后悔自己当初没有意识到问题的严重性，所以，我们就再给她一次修正错误的机会，重启时光机，让时间回到林聪聪第一次提出要求的时候。

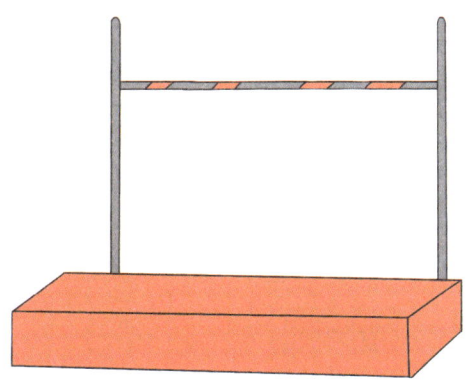

【 情景重现 】

林聪聪："我们班别的同学都有最新款的电话手表，我没有的话，真的很丢人！"

妈妈："你不能看到别人有什么你就要什么，而是要看你自己是否真的需要！"

妈妈耐心地说："聪聪，电话手表是用来方便你有事时和妈妈联系的，不是为了炫耀的，你知道吗？盲目攀比不但会浪费很多金钱，而且会让你忽略自己内心真正的需求，影响你的价值观。你会变得只看重东西的好坏，而忽略了人的品质和能力。时间长了，你可能会失去真正的朋友，也会变得不快乐。妈妈希望你能明白，真正的价值不是靠物质来衡量的。"

林聪聪似懂非懂地点了点头。

第二天上学的时候，妈妈让林聪聪带上了自己做的小点心和同学们分享。

"哇，林聪聪，你妈妈做的点心太好吃了！"

"对啊对啊，你可真幸福！"

"我们可太羡慕你了！"

听着同学们真诚的赞美，林聪聪的心里乐滋滋的，原来，大家真正喜欢和羡慕的，并不是谁拥有多少东西，而是一颗友爱的心。

【专家还说】

当父母发现孩子喜欢攀比时，首先要以身作则，树立正确的消费观念和价值观，避免自己的行为给孩子造成不良影响。其次，要培养孩子正确的价值观，让孩子明白物质并非衡量人的唯一标准，内在品质和能力才更重要。再者，要与孩子进行深度交流，让孩子了解家庭实际情况和劳动的不易。最后，合理满足孩子的需求，对于不合理的要求坚定拒绝，并耐心说明原因，引导孩子把关注点放在自我提升上。